Num sapato de Dante

Copyright do texto © 2012 Maria Azenha
Copyright da edição © 2012 Escrituras Editora

Todos os direitos desta edição cedidos à
Escrituras Editora e Distribuidora de Livros Ltda.
Rua Maestro Callia, 123 – Vila Mariana – São Paulo, SP – 04012-100
Tel.: (11) 5904-4499 – Fax: (11) 5904-4495
www.escrituras.com.br
escrituras@escrituras.com.br

Criadores da Coleção Ponte Velha: António Osório (Portugal) e Carlos Nejar (Brasil)

Diretor editorial: Raimundo Gadelha
Coordenação editorial: Mariana Cardoso
Assistente editorial: Ravi Macario
Capa, projeto gráfico e diagramação: Schäffer Editorial
Imagem da capa: *She's made her bed*, 2010, de Anita De Soto
Revisão: Paulo Teixeira e Jonas Pinheiro
Impressão: Graphium

Dados Internacionais de Catalogação na Publicação (CIP)
(Câmara Brasileira do Livro, SP, Brasil)

Azenha, Maria
  Num sapato de Dante / Maria Azenha. –
São Paulo: Escrituras Editora, 2012. –
(Coleção Ponte Velha)

ISBN 978-85-7531-439-5

1. Poesia portuguesa I. Título. II. Série.

12-10952   CDD-869.1

Índices para catálogo sistemático:
1. Poesia: Literatura portuguesa 869.1

Edição apoiada pela Direcção-Geral do Livro e das Bibliotecas/Portugal.

Impresso no Brasil
Printed in Brazil

Maria Azenha

Num sapato de Dante

escrituras

São Paulo, 2012

Sumário

Prefácio 11

Prelúdio 15
num sapato de Dante 17

Primeiro andamento 21
manicómio 23
poema deslocado 24
o almoço das mulheres 25
violência doméstica 26
papamóvel 27
I don't believe 28
a natureza das coisas 29
avanço pelos símbolos dentro 30
reflexões avulsas no cabeleireiro 31
era uma vez um natal 32

Segundo andamento 33
   magritte 35
   vivo numa ilha 36
   desencontro 37
   a cidade 38
   qualquer dia 39
   poema assistido 40
   dia plúmbeo 41
   violinos de fome 42
   podemos fazer muitas perguntas 43
   murmúrio 44
   lá fora o outono 45
   nos dias mais sombrios 46
   o espelho do século 47

Terceiro andamento 49
o homem que amava demais 51
lição 52
o poema perfeito 53
noite 54
o meu pai era padre 55
natureza quase morta 56
sem aviso prévio 57
no rumor das folhas 58
na aldeia de George Orwell 59
raízes 60
contemplação 61
digo mil vezes 62
vestígios 63
no mealheiro da página há grandes campos de azul 64
nada está tão próximo de Deus 65
oratório 66
a invenção do amor eterno 67
poente 68
círculo branco 69
dos espelhos 70
só queria dizer-te 71
flor do nada 72
como nos quadros de Hopper 73
teorema da (in)existência 74
Sobre a autora 75
Obras publicadas 77

Prefácio

Prefácio breve para um livro de poesia porque os livros de poesia não deveriam ter prefácio

Com *Maria Azenha* a palavra transforma-se em algoritmo, numa fórmula possível para o encantamento do ínfimo. Captura do excedente. É uma matemática feita de objetos fractais, roturas para com a normalidade. Um testemunho sobre o que vagueia sem limite ou função. Um voo rasante nos abismos dos céus. A palavra "mudou-se para o teto", como o corpo, "num sapato de Dante". Na companhia de Líli (ou Lília), figura que representa a poesia, a emancipação do futuro. Guia que nos leva, a salvo, para além do purgatório dos dias. Líli ou Lídia, em Fernando Pessoa. Beatriz, em Dante. Mensageira portadora de um destino maior que o remorso de existir. Assim é a poesia. Viagem íntima sobre a condição humana.

Como na poesia de Dante, a viagem realizada é contada de forma rigorosa, embora transbordante de imagens, poema narrativo com detalhes visuais. A obra em três andamentos não segue, no entanto, um caminho de perfetibilidade. Vagueia com os objetos e os sentidos sem rumo certo. Fórmula onde o resultado se mantém indecifrável.

A poesia de *Maria Azenha* é um algoritmo em que as incógnitas conspiram, e tornam-se cúmplices do silêncio e do infinito. Equação de difícil resolução, diria. Assim como a fraternidade perdida na grande cidade. "A boca de neve das bonecas grita com vestidos de lagartas mortas, encostadas à parede das palavras". (que gritam agora? pergunta a autora). O infinito faz muito ruído. E enquanto na rua os cães dormem com os seus mendigos, "alguns verbos desalojados acionam granadas". É, assim, a poesia. A violência e o amor que as palavras melhor sabem reproduzir.

Avisa a autora que o poema também é feito de palavras por inventar, servindo-se das coisas do mundo: solidão, noite, folhas, lâminas. Facas, lábios. Aranhas. O cansaço que se esconde nas dobras de todas as alvoradas. Trocando as voltas às palavras de *Maria Azenha*: O poema é um louco que queima os pensamentos. *O que é um poema?* O poema é uma criança que atravessa a rua

"com uma flor de cinzas na boca".

João Lutas Craveiro
Sociólogo e Investigador do Laboratório Nacional de Engenharia Civil – LNEC. Docente da Universidade Nova de Lisboa – UNL

Prelúdio

num sapato de Dante
(a Rui V.A.)

Deram as onze badaladas.
deram as onze
no meu quarto.
e espero por ti, Líli, toda a noite
para que me venhas ver.
mas, ai!,
todos os ponteiros dos relógios voaram pela sala!
todos os livros das estantes caíram como um grito!
o meu coração soltou-se aos bocados
para de ti me esconder...

ai, Líli,
vem depressa,
queimei-me com versos
quando por ti esperava!

olha
como todos os crisântemos carbonizaram
pelas árvores, fora, a arder!...
ouves, Líli?, sentes?...
vê os séculos distantes quando passam
por mim!
repara como os nossos beijos vão em cavalgada,
cambaleando como um Baco,
numa gotinha incendiada
da chuva!...

clamarei por ti
mais uma vez,
até que um verso meu se solte pela janela fora!...

ai, Líli!
todo o meu corpo pegou fogo
ao riso abalado de Van Gogh!
as minhas orelhas fugiram
através da minha carne fogosa!
soltou-se-me um braço!,
uma perna minha foi parar à Malásia!

e deram doze badaladas.
deram mais doze badaladas no meu quarto.
e, Líli, ainda não veio!

ah! como um brutamontes
arrancarei todas as fechaduras à dentada!
tomarei todos os livros de assalto
das estantes!,
entre nuvens sonharei versos gigantes!...

ouves, Líli?
sentes?

olha como apunhalei a Terra
só com um verso de Nietzsche!

todos os loucos e enfermos dos hospícios
me vieram ver!
todos os mendigos me trouxeram uma trincheira
de beijos,
para de ti me esconder!

ah!, não me ralo,
tenho comigo a orelha cortada
de Van Gogh,
e o ouro todo que corre agora
pelas vossas salas!...
sou o maior dos amantes,
a teu lado, a arder...

mostrarei então a Deus todos os meus versos feitos
que não trocarei por nada!
e quando tu vieres, disfarçada de Goethe,
porei o meu monóculo bem aberto
numa garrafa ébria de gim!
tocarei para ti, Líli, a flauta dos milagres
com Deus em todo o meu quarto
a arder...

o meu coração viaja agora pela Europa fora!

que inferno, Líli!
o meu choro copioso

caiu na última lágrima de Dante
derramada às seis em ponto!
peguei fogo às janelas!
ardo pelas chaminés fora
pelas paredes da casa incendiadas em Kant!

ai, Líli,
não tenho para onde fugir!
o meu corpo
mudou-se todo para o teto,
voa para cima, num sapato de Dante!

e rubra,
como um diamante, soltarei então o meu último grito
pela Via-Láctea dentro,
dentro de ti,
com um verso a arder...

ai, Líli , brilharei como um rubi para sempre
no último dos amantes...
brilharei eternamente
quando
passar
por
ti!

Primeiro andamento

manicómio

caiu cinza
no rio branco do poema
e choveu ouro sobre a vedação da página

a sombra
lava
as mãos inocentes dos versos
no manicómio de Deus

poema deslocado

tenho um garfo atravessado na língua
digo gulher em vez de mulher
oito de margo na gare

arranca-me a língua,

o almoço das mulheres

na mesa estão as velhas mulheres
como árvores desfolhadas
desnudas de braços

ao fundo
um ramo breve de neve
sobre os cabelos das mais idosas

as moscas pousam
em palavras sujas
na travessa da carne

só
no prato
o verde da salada
deixa um rasto

conversas (ab)surdas

violência doméstica

comprei hoje
na padaria da avenida
um pão-de-deus
trouxe-o pelo elevador
para casa
a porta não queria abrir
introduzi a palavra-passe
a porta abriu

esperei que todos viessem
fazer ao pequeno almoço
a primeira comunhão
chamei a gata como de costume
fiz-lhe uma festa ela fez ronrom
e enquanto abria a porta do terraço
com as árvores que já lá não estão
vi a gata lamber os beiços
fazer ginástica de alongamentos
estaria a fazer o que mais gosta pela manhã
espreitar os pássaros
sonhar com a maneira mais rápida
de contracenar com o gato da vizinha

quando voltei
já lá não estava
nem a padaria
nem a avenida
nem o pão-de-deus

espreitei a rua
também não estava lá
o meu e o teu nariz fugiram
colocaram-nos a bandeira a meia haste por cima
vi o *coelho* sem poleiro
– fez-me lembrar o *cesariny* –
peguei no telefone
atenderam da Alemanha
não tenho tradutores de línguas em casa
não tive outro remédio senão ir ao *Google*
não fui capaz de perceber a resposta
o caso do pão deu-se em grupo
numa padaria da Europa

papamóvel

o papamóvel visitou pobres príncipes
paletas e praças com pernas de comércio
puxou pelos dedos de pronto ao pescoço
cortou palavras em pó no parapeito do Tejo
falou de fé e esperança de parapente móvel

de roupa ao vento
o vento papou o que o papá louvou
pela ponte pelos
parentes
de pátria nos dentes

pagamos as palavras que o papá falou

I don't believe

I don't believe I don't believe
you are sleeping
eles andam travestidos de ilusionistas
cultivam espelhos de polícia
polindo vidros

they are quite two things
violence and hatred

a natureza das coisas

vesti uma camisa que tinha um buraco no coração
achei-a adequada ao meu tamanho
quando entrei no café toda a gente olhou
vim para casa e despi-a. fiquei com o buraco nas mãos
vesti uma outra que era bordada
a ponto cruz nos punhos com a cruz vermelha
nesse dia só o empregado de mesa é que reparou
que eu estava em prisão preventiva
quando o sangue se misturou na chávena
com vergonha, bebi-o.
soube-me mal.
escrevi então no guardanapo de papel: *errado*
(coisas que vou pensando numa folha de diário ambulante
que ninguém conhece, nem sabe, mas tenho)
levantei-me. deixei o dinheiro exato na mesa.
fui a correr para casa e escondi-me no armário.
ao fim de algum tempo tentei vestir outra
que tinha no colarinho uma nódoa branca
e foi como o primeiro amor que ao fim de algum tempo secou

avanço pelos símbolos dentro

tenho oito anos. e tu também.
um pingo de sangue caiu no sinal igual da minha mão.
no meu *adn* está escrita uma equação algébrica
segura por dois arames.
a incógnita y gosta de silêncio.
o infinito atrás do x faz muito ruído.
tenho na língua um *piercing*. e tu
um ponto final.
uma revoada de vento levantou do chão as cinzas
fez um torvelinho no silêncio dos símbolos
está na hora de guardar a álgebra no frigorífico

encontrei um ninho escondido no refúgio da tua mão

reflexões avulsas no cabeleireiro

não há nada de mais feminino do que ir ao cabeleireiro
depois de alguns meses é preciso cortar qualquer coisa
como toda a mulher sou bússola da minha tesoura
em criança não sabia que o cabelo crescia
em vão esperava que ficasse sempre do mesmo tamanho
no cabeleireiro tornava a ouvir as mesmas conversas
outras senhoras sentavam-se nas mesmas cadeiras
faziam todas as mesmas coisas, eram sempre as mesmas empregadas
cortavam o cabelo, arranjavam cinco unhas de cada vez
ficavam com aquelas coisas entaladas nos dedos
para secar o verniz nos pés. pagavam. sorriam.
iam felizes em pontas para qualquer lado
um dia vi entrar no cabeleireiro *nossa senhora*
o meu coração sobressaltou-se
sabia que ela tinha morrido e não podia estar ali outra vez grávida
pensei: será do José? sim, do José?!...
podia haver aqui uma outra realidade, uma face oculta, quem sabe?!
mas o mais estranho é que sou agnóstica e estou no cabeleireiro
a cortar o cabelo. se calhar trocaram a minha ficha
e passei a entrar na universidade católica.
de qualquer maneira estava nestes pensamentos
quando de repente ouvi sussurrar ao meu ouvido
deve ser a senhora Merkel...
chateei-me. sou uma rapariga decente.
depois deste incidente deixei de ir ao cabeleireiro
ando sempre a ler o mesmo livro *a República das Mulheres*
o mesmo que levava quando ia cortar o cabelo
agora passei a ter cinco anos. não cresci mais.
os santos devem ser todos doidos
usam cremes no rosto e comem bolas de *Berlim*
e têm o cabelo sempre do mesmo tamanho

era uma vez um natal

este presépio não tem ervas nem burros nem vaquinhas
nem musgo para servir de cama aos da minha rua
comprei-o no Continente com 25% grátis numa prenda da TMN
Maria e José são os meus pais terrenos
não devo chamá-los de outra maneira
porque este poema é feito com as duas mãos
embora escreva num PC Toshiba
o que escreve a direita é verdadeiro
e é completado pela esquerda

mas não sou nem a esquerda nem a direita
conto esta estória através da névoa escura
que brilha nos meus olhos

era uma vez um natal
que começava sempre depois de outro

de todos eles ficou a nostalgia das sombras
e as pratas de chocolate espalhadas pelo chão

não gosto deste natal nem de outros
porque as pessoas andam vestidas de ervas no céu

Segundo andamento

magritte

uma maçã e uma criança
cruzam-se

choram em silêncio o sangue do poema
sobre os restos
da página

vivo numa ilha

vivo numa ilha
é de lá que envio mensagens do futuro
de quando em vez atiro-me ao mar
e encontro na transparência da água anil um búzio
e sei que és tu

então o vento devolve-me um voto de silêncio azul
deixando um perfume
de náufrago

em redor do mundo

desencontro

se abrires os olhos não me vês
desfaço-me em pó com palavras usadas

depois
finjo-me cega
e corro para casa com nuvens nos dedos

não sei bem como explicar-te
mas sou como os mortos que se fecham no escuro

a cidade

leve é o vento leve
grande a cidade
em cuja luz se perdeu uma flor desbotada

só a sombra na erva
uma ilha de neve que nunca existiu
e foi arrasada

as crianças brincam e choram
à triunfante sombra do Nada

qualquer dia

levantei-me cedo como é meu hábito
abri as janelas de par em par e dei comigo a cogitar:
*o céu está um pouco nublado. talvez lá para a tarde
o sol traga uma melhor iluminação à casa.*
entretanto continuarei a pintar os armários da cozinha
até à hora de almoço.
*odeio que a morte me apanhe de surpresa
sem algum efeito luminoso.*
eram já duas da tarde. fechei a porta e saí.
o rapaz que costuma arrumar os carros nas traseiras da casa
pediu-me um café como é seu uso
hoje tinha-lhe morrido um bebê de seis meses.
qualquer dia vamos jogar no euro-milhões
e tomar um café a dois

poema assistido

a boca de neve das bonecas grita
com vestidos de lagartas mortas

encostadas à parede das palavras
que gritam agora?

imploro uma escada à memória do coração

o poema
cai
como um cedro de palavras

sobre o bosque
das mãos

águia alucinada

dia plúmbeo

há dias em que se acorda com a alma cor de chuva
e tudo é triste e frio no céu com nuvens muito escuras
nem o vento nem as aves comparecem nem o sol
vigia a cor da lua

o futuro é uma água gelada que se esconde atrás das portas
enverniza as unhas

violinos de fome

na rua dormem os cães com os seus mendigos
outubro mais tarde escurece os corpos
as mãos dadas em fome

cheira a terra molhada
alguns verbos desalojados acionam granadas

espelhos de relâmpagos
em estranhas
cidades

mil rios de sangue

podemos fazer muitas perguntas

o meu corpo é feito de ossos de ofícios e de alguma paciência
já cortei os dedos para abrir uma lata de anchovas
tenho horror a facas e a objetos cortantes de pontas
já cortei os pulsos
já vi o meu rosto ao espelho
e fui mendiga muitas vezes
por causa de uma pomba já me matei e voltei à superfície
houve alturas em que fui capaz de ser o *cesariny* avulso
ou o *raul de carvalho* ou o *zé gomes ferreira*
ou ainda uma rapariga de banda desenhada
a um milímetro do pescoço
sim. porque um poema é composto de muitas coisas:
solidão noite folhas
lâminas
facas
lábios
aranhas
e de outras palavras que não sei o que dizem ou ainda
não foram inventadas

o brilho dos teus olhos de que é feito?
que mãos seguram a penumbra deste poema?

tenho encostado ao coração uma ilha com uma flauta no centro

murmúrio

leio palavras como *ave sol alegria alba*
e pressinto minúsculos espaços
onde deixo tombar um fósforo aceso

depois
um murmúrio de luz
deixa um rasto transparente de água

que vai descendo
até
ao
fundo

da página

lá fora o outono

lá fora o outono desce pela caldeira do estio.
umas quantas folhas tingidas de sangue
espalhadas a pequenos espaços de ouro.
dois jovens deitados na relva
quase ao fim do dia
arrastam feridas ainda abertas
para dentro
da boca

ela segura na mão um candelabro de aves
fulminada de espanto
iluminando os ombros de ambos

mais tarde uma borboleta
toma conta
do espaço

descem pelas paredes do silêncio
prolongamentos
de
folhas
que os dias vão deixando planos

nos dias mais sombrios

nos dias mais sombrios
não sei dizer palavra alguma
nem *ave* nem *luz* nem *estrela*

e sei que o mundo abriu uma fenda
em sua iluminada ferida
de alvura

digo então da minha prisão de vidro

Sombra
Mudra
Cerda

só depois adormeço ao som da chuva com sapatos de neve
contando as inumeráveis estrelas presas ao meu pulso

o espelho do século

(dentro do livro há um deserto de luz
que rompe as ruínas
e quebra a lira da noite)

o poema vestido de criança dorme num ramo do frio
queima
como os pensamentos de um louco

atravessa a lua com uma flor de cinzas na boca

Terceiro andamento

o homem que amava demais

conheci um homem que entrava pelas janelas
falava de cegueira às borboletas
e nadava em silêncio com os peixes

uma ocasião cravou no peito um poema
disse:

sou um poço

lição

na areia estão gravadas duas palavras
uma não se pronuncia
outra é símbolo da sua passagem

delas o vento guardou um pomar branco de água

o poema perfeito

componho o poema perfeito
todos os dias do ano volto a ele

é uma estrela de cinco pontas

noite

a noite move-se entre os ramos das minhas mãos
as minhas mãos seguram uma estrela de sangue
uma mulher adormece na fulguração dos versos

minha boca estremece

o meu pai era padre

o meu pai era padre.
era um homem respeitável.
alto e magro.
com ele aprendi a amar e a confortar os que sofrem.
dei conta de que as palavras pouco servem
se o coração estiver enferrujado.
poucas vezes o vi rezar.
creio que isso não fazia parte das suas ocupações.
a folha onde anotava qualquer palavra
estava sempre em branco.
temor das palavras?
não creio.

ensinou-me a criar espaços de luz na página

natureza quase morta

o José está ao telefone.
aos quarenta e dois anos
chora como um adolescente.
pequenas palavras à mesa de cabeceira
rodopiam no espaço
dividido por lágrimas e uma floreira.
tomou só três,
não há que ter receio,
chora bem alto ao ritmo do vento.

tão negra a luz
as mãos são espadas.
flores
não as quer para nada.

faz o ensaio de ser náufrago sem barco
sentado na cadeira do quarto.

sem aviso prévio

ontem soube que uma amiga deixou num frasco de compota
as suas cinzas. deixou-nos sem aviso prévio
numa carta de amor transparente

e o poema morre
sem mapa
ou prenúncio

talvez um dia possamos comprar um frasco de compota de versos
e nos lembremos dela

hoje não é inverno.
mas chove.

no rumor das folhas

os livros que leio são uma extensão minha
os outros estão escritos numa língua estrangeira
a esses vou arrancando páginas até restar nas mãos
uma fogueira. depois imagino um lugar de árvores
onde o sol me incendeie os dedos

os olhos falam do resto da minha tristeza
jorrando ouro das fontes de outono
abandonadas às estrelas e às nascentes dos nomes

na aldeia de George Orwell

as casas acordam manhã cedo
pontuando o início dos trabalhos
ouvem-se ao lado os passos de uma criança
dando as últimas pancadas no sobrado
nas paredes
um coração de oráculos
bate desordenadamente as horas
a cada sinal emitido pela rádio
as marcas de um novo século
com as recentes novidades biológicas

as nuvens não carecem de torneiras abertas
o céu desaba nos seus últimos farrapos

raízes

repousam sobre a mesa duas ou três frases
que durante o sono ganharam raízes.
dou conta de que estou à beira d'água de um poema
ainda sem sentido.
lanço então lentamente a caneta ao fundo da página
e ouço a alegria dos pássaros
que vão enlouquecendo algumas sílabas

a noite deixou esta música no escuro
entre dois nomes de água
num acorde velado

secreta iniciação que o poema devolve

contemplação

sentada sozinha
com um copo de água na mão
contemplo o silêncio da gata
que me dorme ao colo

nem que escrevesse
o mais belo poema de amor
sentiria prazer maior

digo mil vezes

digo mil vezes *amo-te* e a minha confissão
parece uma nuvem que vai chover
porque estás nu e eu não sou ninguém
e as minhas pequeninas sílabas conhecem as tuas mãos.
depois ouvimos os poemas de *Leonard Cohen*
e tu entendes o que eu quero dizer.
de repente os teus olhos ficam iluminados
e a minha mão escreve um nome frágil debaixo da língua
e morremos no sombrio aposento das nuvens,
e eu não digo mais nada.
os meus olhos ficaram de repente sem lágrimas
como dois bagos maduros de uvas

vestígios

às vezes vejo a luz
às vezes fermenta uma sílaba no corpo
e sei que está por detrás do claustro das mãos
e o vento empurra-a sem cessar para a neve da folha
estendendo-lhe a toalha alva da criação.
então os dedos exibem intermináveis pancadas de música
deixando alguns vestígios de aves na página virgem

às vezes digo: não sei porque escrevo
e nasce uma fonte para que o poema não morra

no mealheiro da página há grandes campos de azul

o poema vive rodeado de solidão e música
e em tudo aquilo que é ouro e é grito branco e ave azul
esta folha que é pura espera no instante o seu mais alto cume

cereja d'água
lágrima
lâmina
lúmen

e há um descampado onde tudo vive e morre
e vivendo e morrendo é estrela e relâmpago
recorte lírico da penumbra dos astros
sombra dentro da sombra
úvula de orvalho das nuvens
comboio de música na oscilação da página

e o mar invade os livros durante os temporais da criação
e neles jorra uma saudade azul. e grita para dentro de cidades siderais
a inocência dos nomes em minérios transparentes
e há pombas iluminadas pelos cedros da infância
peregrinações brancas
onde cantam aves de seda em árvores de compaixão.
e oscila grávido na mão branca da página
um comboio de gelo e música
desenhado a nuvens
e a fogos incandescentes de carvão puro

há um bosque de rosas num vagão escuro
que procura a misericórdia anil do lume

digo então:
o poema vive do pólen da infância em grandes campos de azul

nada está tão próximo de Deus

nada está mais próximo de Deus que uma mulher
uma mulher crescente de solidão
uma mulher-água
uma mulher em estado puro
uma mulher louva-a-deus
uma mulher-sangue
uma mulher-silêncio
uma mulher-vulcão
campo de matéria flutuante do poema
imaculada escada de tempo
um deus a abrir noutro deus

e com estrelas em degraus de sangue dispersa as trevas
expele para dentro da boca dos anjos o puro ouro dos relâmpagos
– *o que está a ver é uma alucinação*
uma auréola da matéria do mundo –
e a noite esplende a glória da luz numa flor da escuridão.

e Deus esconde-se em paredes de sombra onde ela canta
durante o sono aproxima-se do corpo
respira mais perto da neve das mãos

nada está tão perto de Deus
nem Deus de si mesmo

oratório

conheci o homem mais elegante do mundo
o homem que transformou a minha vida num oratório
é o único homem que não tem nome
as joias dos seus ossos ouço-as através das paredes
reconheço a sua estatura pelo bater do mar em meu coração.

por vezes a sua voz amável entra em meus pulmões e eu não canto
ressoa numa delicada paloma de âmbar
e a sombra de fogo que vai deixando vai ampliando o céu.

sei então que me abeirei do relicário mais secreto da alma
onde entrego o sangue da sua generosidade a uma gaveta de prata.
sei ainda que aí é possível conceber as gemas de Deus.

quando é escuro e a noite se derrama
tocamo-nos com a devoção de *Bach* e adormecemos
numa silhueta única.
às vezes crio a ilusão de ele ser meu pai.

a invenção do amor eterno
(à Amy Winehouse)

abriu um poço de sol
para inventar o amor eterno
conhecedor das imagens sem dentro

no céu da boca pendurou o coração
entrou pelo mar
sem norte

poente

disse-te: *ama*
e tu retorquiste: *amarei*
e caiu-te um braço.
depois acrescentei: *escreve*
e tu disseste: *escreverei*
e soltou-se uma gota de sangue do lenço
da tua mão.
voltei a ti e tornei a dizer-te: *sopra o vento com o pôr de sol*
e tu foste ver o pôr de sol e esqueceste o vento
e ficaste para sempre numa cadeira de fogo

círculo branco

duas gaivotas voavam sobre o poema
e o poema era Deus
e Deus estava à beira mar
sentado sobre o fonema.

um caderno de pássaros
gritava
ao longo da página
um bosque
de água.

e o poema desfez-se em pranto
numa gaivota
num círculo branco.

dos espelhos

os espelhos dão os bons dias e as boas tardes
não se pode amar alguém senão ao pé dos espelhos
por vezes choram ao dar as boas noites
colocando diamantes líquidos nos dedos dos amantes.
os espelhos inventam canções de amor.
o menino lá fora com flores cá dentro não sabe que vai em viagem
e está ao espelho de um dia triste de luz muito branca.
faz anos em campos benévolos de cinco regatos frescos
e as flores crescem e murcham como névoas feridas por uma acha de Deus.
e queimam. e o menino incendeia-se numa canção ferina da lua
e cinco rosas ígneas numa cruz de névoa ardem em seus lábios de tochas
ardem em cinco candelabros alvíssimos e ébrios de astros.
manda Deus que os céus tenham espelhos nas aurículas dos verbos
coroando a cabeça dos anjos com o sangue dos planetas.
os espelhos são a cópia divina de momentos do crepúsculo e
por toda a terra se multiplicam
espelhos à noite que vertem estrelas para dentro de copos de água
espelhos que alumiam as cinco ínsulas do coração
espelhos de cabelos brancos de solidão humana
espelhos de cântaros pousados na boca das estantes
espelhos de abelhas nos cabelos de *Bach*
espelhos de flores de orvalho coroando a cabeça dos bosques
espelhos inquietos. espelhos que correm através de cometas.

espelhos incessantes
espelhos de tristeza
espelhos de aeroportos
espelhos de sangue
espelhos de tato
espelhos de olfato
espelhos de memória à glória do espaço.

os espelhos são lençóis brancos que dizem adeus aos mortos
e os espelhos partem-se. e fazem-se em mil criações.
na praia estão mil espelhos desnudos abraçados aos cinco oceanos
e dão as boas tardes ao alaúde das aves
espelhos de espelhos até aos joelhos
espelhos que inauguram o movimento das nuvens
e rompem o ponto mais azul.

o meu amado é um espelho.

só queria dizer-te

dediquei-te as horas mais felizes da minha vida
e os livros que escrevi em segredo no laboratório de cada flor.
neles pude sempre encontrar *corolas, pedras, nuvens,*
vento,
água,
e o teu nome gravado em aves silenciosas.
falei sempre de ti sem tréguas e quase sem nomes numa vertigem lenta.
comparo ainda o calor do sol à benevolência da luz que
cintila nos teus olhos: *lugar onde o poema arde mais puro*
e quebra a solidão dos muros
é aí que aprendo o rumor para os dias mais quentes
e os versos que redimem os dias mais tristes.

dou graças por te ter encontrado uma vez na Terra
e o amor se ter transformado numa estrela transparente.
só queria dizer-te soprando para a tua boca: *Não morras, nunca.*

flor do nada

todos os dias navego num barco para lá do horizonte
o poema é uma miragem de letras

escrevo em magnólias de sangue
o teu nome
e todas as ruas estão desertas

como nos quadros de Hopper

a noite é um livro que se lê devagar
lento trabalho dos lírios da página
uma escuridão transparente e azul
mão branca de um muro, último refúgio. quase nada a minha voz
e refaço o nascimento de cada nome a que assisto
depois de todas as coisas terem recebido um apelo da luz.
todos os lugares se inclinam para esse ponto
tudo vem da respiração. e é uma estrela do escuro
olhando para dentro do corpo.
e caminha pela memória do silêncio, sílaba a sílaba dentro.
tudo fica imóvel: os seus gestos
o incenso do poema
a inscrição cósmica dos verbos imaculados pela chuva.
cada vocábulo entra pelo princípio do mundo.
os sons regressam então das suas grutas

a boca é um instrumento do sol
como nos quadros enigmáticos de *Hopper*

teorema da (in)existência

vou ser sincera: uma vez sem exemplo
estou diante do mar.

provo que o poema não existe

Obras publicadas

Folha móvel – Edições Átrio, 1987; *Pátria d'água* – Edições Átrio, 1989; *A lição do vento* – Edições Átrio, 1992; *O último rei de Portugal* – Editora Fundação Lusíada, 1992; *O coração dos relógios* – Editora Pergaminho, 1999; *Concerto para o fim do futuro* – Editora Hugin, 1999; *P.I.M. (Poemas de intervenção e manicómio)* – Universitária Editora, 1999; *Poemas ilustrativos de pintura de Valdemar Ribeiro* – Edição "Symbolos", 2001; *Nossa senhora de Burka* – Editora Alma Azul, 2002; *Poemas ilustrativos "de Camões a Pessoa – Viagem iniciática"* – Editora Setecaminhos, 2005; *A chuva nos espelhos* – Editora Alma Azul, 2008; *O mar atinge-nos* (Cd) – Editora Discográfica Metro-Som, 2009; *De amor ardem os bosques* – Minerva |Artes Gráficas Minerva, 2009; *A sombra da romã* – Apenas Livros, 2011, coleção Naturarte dirigida por: Maria Estela Guedes.

*

Representação em Antologias: *Anuários de poesia* 1, 2, 3 e 4 – Assírio & Alvim; *Água clara* – Edições Património XXI, 1988; *Hora imediata* (Hora Extrema) – Edições Átrio, 1989; *100 anos de Federico Garcia Lorca* – Universitária Editora, 1989; *Viola Delta*, v. 14° – Edições Mic; *Antologia de homenagem a Casario Verde* – Edições Câmara Municipal de Oeiras, 1991; *Simbólica 125 anos* – Ateneu Comercial do Porto, 1994; *Revista de artes e ideias*, n. 4, 5 – Alma Azul, 2011; *25 poemas no feminino* – Edição Junta Freguesia da Penha de França, 2002; *Gabravo | Artdomus* – S. Pedro de Sintra, 2002; *Povos e poemas* (Edição Bilíngue) – Universitária Editora, 2003; *Na liberdade* (Homenagem de poesia aos 30 anos do 25 de abril) – Garça Editora, 2004; *Antologia Pablo Neruda* – Universitária Editora, 2005; *O fulgor da língua* (poema coletivo) – Projeto inserido nos eventos de Coimbra Capital Nacional da Cultura, 2003/04; *Di Versos – Poesia e tradução*, n. 14 – Edições Sempre-Em-Pé, 2008.

Impresso em São Paulo, SP, em outubro de 2012,
em papel off-set 75 g/m², nas oficinas da Graphium.
Composto em Electra LT, corpo 10 pt.

Não encontrando esta obra nas livrarias,
solicite-a diretamente à editora.

Escrituras Editora e Distribuidora de Livros Ltda.
Rua Maestro Callia, 123
Vila Mariana – São Paulo, SP – 04012-100
Tel.: (11) 5904-4499 – Fax: (11) 5904-4495
escrituras@escrituras.com.br
vendas@escrituras.com.br
imprensa@escrituras.com.br
www.escrituras.com.br